EDICT DV ROY,

PORTANT CREATION

en tiltre d'Office formé de trois Conseillers, Receueurs & Payeurs generaux des
quatre cens & cinq cens mil liures de rentes nouuellement constituées sur les Gabelles à l'Hostel de Ville de Paris, &
trois Controolleurs d'iceux.

*Verifié en la Chambre des Comptes, le
vingt-huictiesme Iuin 1627.*

A PARIS,

Chez la Vefue CLAVDE MOREL,
Imprimeur ordinaire du Roy.

M. D C. XXVII.

Auec Priuilege de sa Majesté.

OVIS par la grace de Dieu
Roy de France & de Nauar-
re, A tous presens & à venir,
Salut. Le desir de subuenir à
l'vrgente necessité de nos af-
faires, & d'empescher la con-
fusion que nous preuoyons qui se rencontre-
roit au payement & controolle qui se font
par mesmes officiers des arrerages, tant des
anciennes rentes constituées à l'Hostel de
nostre bonne Ville de Paris, assignées sur le
reuenu general de nos droicts de Gabelles,
montans douze cens quarante mil liures, que
des nouuelles constitutions de quatre cens &
cinq cens mil liures de rente, faictes & or-
données sur la mesme nature de deniers, par
nos Edicts des mois de Mars mil six cens
vingt-vn, & Nouembre mil six cens vingt-
quatre, à cause de la difference des quartiers,
pour lesquels lesdites rentes se payent, ceux
des anciennes rentes estant reculez de quatre années, & ceux des nouuelles rentes
estans dans le contract des mesmes années &
de semblables quartiers que ceux de la re-

A ij

cepte qui se faict de nosdits droicts de Gabelles affectez & destinez pour les acquitter,
Nous auoit conuié dés ledit mois de Nouembre, de créer & eriger en tiltre d'office
trois nos Conseillers Receueurs & payeurs
desdites constitutions de quatre cens & cinq
cens mil liures de rente, & trois offices de
nos Conseillers & Controolleurs au payement desdites rentes, aux gages & droicts
mentionnez en nostre Edict pour ce faict,
Neantmoins nos chers & bien amez les Receueurs, payeurs & Controolleurs des rentes
dudit Hostel de Ville, assignées sur nosdites
Gabelles, assistez du Preuost des Marchands
& des Escheuins de nostredite Ville, Nous
ayans supplié de les maintenir & conseruer
au payement & controolle desdites nouuelles rentes, & offert de nous secourir d'vne
pareille somme de deniers que celle que
nous pourrions tirer de la creation desdits
nouueaux offices, en attribuant, Sçauoir
ausdits Receueurs anciens deux deniers pour
liure de taxation hereditaire de leur recepte
actuelle en l'année de leur exercice, & deux
mil liures d'augmentation de gages à chacun
par an : Et ausdits Controolleurs quinze cens
liures d'augmentation de gages aussi à chacun par an, Nous aurions accepté leursdites

ſoffres par Arreſt donné en noſtre Conſeil le
dernier iour de Decembre audit an mil ſix
cens vingt-quatre, Et en execution de ce
octroyé noſtre Edict du mois de Decembre
mil ſix cens vingt-cinq, regiſtré en noſtre
Chambre des Comptes le ſixieſme iour de
Mars mil ſix cens vingt-ſix, portant reuoca-
tion de la creation deſdits trois offices de Receueurs, Payeurs & Controolleurs deſdits
quatre cens & cinq cens mil liures de rente,& attribution au lieu de ce auſdits anciens
officiers deſdites augmentations de gages &
taxations. Depuis eſtant aduenu que Me
Pierre Payen qui eſtoit lors pourueu de l'vn
des offices anciens de Receueurs & payeurs
deſdites rentes & du triennal, ayant reſigné
leſdits offices à noſtre cher & bien amé Me
Claude Picot pourueu & receu en l'autre office ancié, iceluy Picot ſe ſeroit trouué à pre-
ſent chargé deſdits trois offices, leſquels ſ'ny
reuiennent à vn tres-grand prix, & pource il
nous auroit faict requerir de le vouloir deſ-
charger deſdites attributions & payement de
ladite finance. Ce que ne pouuát luy octroyer
qu'en remplaceant les deniers de la finance
deſdites attributions, par le moyen de ce qui
prouiendra de la creation deſdits nouueaux
offices de Receueurs, Payeurs & Controol-

A iij

leurs generaux defdites dernieres rentes,
Nous auons arrefté en noftre Confeil de le
faire eftablir. A CES ·CAVSES, & apres
auoir mis cét affaire en deliberation en noftre
Confeil , où eftoient la Royne noftre tres-
honorée Dame & Mere , noftre tres-cher
frere vnique le Duc d'Orleans, plufieurs officiers de noftre couronne , & autres grands
& notables perfonnages, De leur aduis & de
noftre certaine fcience , pleine puiffance &
authorité Royale , Nous auons par le prefent
Edict perpetuel & irreuocable , reuocqué &
reuocquós noftre Edict du mois de Decembre mil fix cens vingt-cinq , contenant la re-
uocation de noftre fufdit Edict du mois de
Nouembre mil fix cens vingt quatre : Et les
attributions à chacun des trois Receueurs &
payeurs defdites anciénes rentes affignées fur
lefdites Gabelles, de deux mil liures d'au-
mentation de gages par an, & de deux deniers pour liure de taxatió hereditaire de leur
recepte actuelle en l'année de leur exercice,
& à chacun des trois Controolleurs defdites
rentes de quinze cens liures d'augmentation
de gages , à la charge toutefois que ou aucun
d'eux auroit ja finácé en nos coffres quelque
fomme de deniers pour partie defdites attributions,qu'il en fera payé & rembourcé dans

vn mois par ledit Thrésorier de nostre Espar-
gne auec ses interests, frais & loyaux cousts,
selon la liquidation qui en sera faicte en nostre Conseil, Et du mesme pouuoir & authorité que dessus, Nous auons par cesdites presentes creé & erigé , creons & erigeons en
tiltre d'Office formé trois nos Conseillers
Receueurs & payeurs Generaux des rentes
constituées à l'Hostel de nostre bonne Ville
de Paris, assignées sur nosdits droicts de Gabelles, & Receueurs depositaires des debets
de quittances des rentes dont ils seront chargez de faire le payement: & trois nos Conseillers & Controolleurs Generaux desdites
rétes, pour chacun endroict soy faire le payement & controolle des rentes desdites Constitutions de quatre cens mil liures, & cinq
cens mil liures portées par nosdits Edicts
des mois de Mars mil six cens vingt vn, & Nouembre mil six cens vingt-quatre, Registrez
ou besoin a esté : & des autres constitutions
de rentes, s'y aucunes se font à l'aduenir sur
ladite nature de deniers , soit par nous ou nos
successeurs Roys, sans qu'autre qu'eux s'en
puissent entremettre pour iouyr & vser desdits Offices par ceux qui en seront pourueus,
aux mesmes honneurs , authoritez, preroga-
tiues , prééminences , franchises, libertez.

exemptions, droits & Priuileges dont jouyſ-
ſent les autres Receueurs, Payeurs, & Controolleurs des rentes conſtituées audit Ho-
ſtel de Ville, & aſſignées ſur leſdites Gabelles, Aydes, Clergé & receptes generales, ſui-
uant les Edicts de leur creation, & declara-
tiõs depuis interuenues : & aux gages, ſçauoir
leſdits Receueurs & Payeurs de huict mil liures en l'année d'exercice, & de cinq mil liures hors iceluy : Et à chacun deſdits Controolleurs trois mil deux cens liures par an : &
pour donner moyen auſdits Receueurs de
vacquer bien & fidelement au faict de leurs
charges, & ſupporter les fraiz de l'entrete-
nement de leurs Commis : & que ſoubs pre-
texte de l'eſcriture & façon de leurs comptes
nous ne ſoyons & eux auſſi conſtituez en trop
grands fraiz, & n'arriue quelque perte & autre inconuenient de leurs acquits, qui ſeront
en grand nombre : Nous auons octroyé, &
attribué, octroyons & attribuons à chacun
deſdits Receueurs & payeurs deux deniers
tournois pour liure de taxation en l'annee de
leur exercice, dont ils jouyront à raiſon de
leur recepte actuelle, & les poſſederont, &
leurs ſucceſſeurs deſdits Offices hereditaire-
ment : En ſorte que s'il aduenoit que par leur
deceds ou autrement leurs offices vinſſent à
vacquer

uacquer à noſtre profit, leurs veufues, heritiers, ou ayans cauſe, ſeront rembourſez de la
finance qui ſera payée en nos Coffres pour
ladite attribution, par celuy ou ceux qui ſeront par nous ou nos ſucceſſeurs Roys pourueus deſdits offices ſur la vacation auant que
d'eſtre receus & inſtalez eſdits Offices : & iuſ-
ques à ce leſdites veufues, heritiers, ou ayans
cauſe, iouyront deſdites taxations : & ayant
eſgard, que le cautionnement de ſemblables
charges n'eſt ordinairement que de vingt mil
liures, Nous voulons que ladite Finance deſdites taxations tienne lieu, & ſerue auſdits
Receueurs de caution pour le maniement &
exercice de leurſdits Offices, ſans qu'ils ſoiét
tenus d'en bailler d'autres, dont ils demeure-
ront deſchargez nonobſtant la rigueur de
nos ordonnances, & inſtitution des autres pa-
reilles charges : Comme auſſi nous ordonnons pour touſiours par ceſdites preſentes à
chacun deſdits Receueurs & Payeurs cinq
mil liures tournois en ladite année de leur
exercice, pour ſatisfaire aux fraiz de l'eſcriture, façon & vacation des comptes qu'ils auront à rendre pour le payement deſdites rentes, ſans que pour quelque cauſe que ce ſoit
ladite ſomme puiſſe eſtre augmentée ny di-
minuée. Leſquels comptes, enſemble les

deux doubles d'iceux , lesdits Receurs & Payeurs feront dresser & escrire en leurs mai-sõs, ainsi que les autres Receueurs & Payeurs desdites rentes, ce que nous leur permettons, sans pouuoir y estre troublez par les Procureurs, & de retenir à leur profit ladite somme de cinq mil liures, sur laquelle ils payerõt les vacations de leurs Procureurs qui assisteront à la presentation & examen de leurs comptes, Le fonds desquels cinq mil liures sera doresnauant employé dans les Estats de nos Gabelles, auec celuy des gages & attributions des autres Officiers, & mis par chacun an és mains de celuy desdits Payeurs qui sera en exercice, sans que pour raison desdits gages & taxatiõs il soit aucunemét reculé, retranché, n'y diminué sur le fonds desdites deux constitutions : Et pour paruenir par les pourueus desdits Offices au payement desdites rentes, lequel sera par eux commencé, tant en recepte que despence des deniers du quartier de Ianuier prochain, chacun d'eux receura en l'annee de son exercice les deniers affectez ausdites rentes, gages, taxations & fraiz de comptes , aux termes accoustumez par les mains des fermiers de nosdites Gabelles, sur lesquels le fonds est laissé pour faire lesdicts payemens de quartier en quartier , qui seront

faits par lefdits Receueurs fur les Regiftres
des Conftitutions qui leur ferôt pour ce bail-
lez par les Preuoft des Marchands & Efcheuins de noftredite Ville de Paris, & fuiuant
l'ordre prefcript par les Reglemens interue-
nus pour la feureté & facilité defdits payemens au contentement des acquereurs defdites rentes; defquels payemens ils rendront
compte par chacun an en noftre Chambre
des Comptes en la maniere accouftumee. Et
moyennât la prefente creation les Receueurs
& Payeurs qui font chargez du payement
des autres rentes plus anciennes conftituées
& affignées fur nofdits droits de Gabelles, ne
pourront à l'aduenir, & à commencer dudit
quartier de Ianuier prochain f'entremettre
du payement defdites rentes conftituées en
vertu de nofdits Edicts des mois de Mars mil
fix cens vingt vn, & Nouembre mil fix cens
vingt-quatre, n'y les anciens Controolleurs
f'immifcer de tenir le Regiftre & Controolle defdits payemens, à peine de fufpenfion
de leurs charges, de payer deux fois, & de
tous defpens dommages & interefts des pourueus defdits Offices prefentement creez.
Iouyront lefdits Receueurs & Controolleurs
prefentement creez de la difpence des quarante iours par nous accordez à nos autres of-

ficiers pour l'année prochaine , fans pour ce
payer aucune finance, n'y que leurs offices
puiffent eftre declarez vacans Et d'autant
qu'il fe veoir que par le temps les rentes cy-
deuant conftituées fe font tellemét diuifées,
qu'à prefent lefdits douze cens quarante mil
liures des anciennes conftitutions fe trou-
uent fep ées en douze mil parties: Ce qui
apporte non feulement vne grande defpen-
ce pour l es fraiz des Comptes, mais auffi rem-
pl t noftr e Chambre d'vn fi grand nombre
de volumes & d'acquits, qu'il ne fe trouue
quafi plus de lieu pour pouuoir mettre &
conferuer ceux des années aduenir. Pour
doncques empefcher que ce mefme accidét
n'arriue pour lefdites nouuelles Conftitutions, & pour les autres qui fe pourront en-
cores cóftituer fur nofdits deniers & reuenus
de quelque nat ure que ce foit: Et que pour
les anciennes co nftitutions il n'y ait vne plus
grande diuifion , Nous ordonnons par cy-
apres, & pour toufiours, & à compter du iour
de l'enregiftrement du prefent Edict, qu'il ne
fe fera aucune diuifion de rentes cóftituées à
l'Hoftel de noftredit Ville de Paris, & affignées fur les deniers de nos receptes generale-
les, Aydes, Gabelles & Clergé de France,
montant cinquante liures par an: & que cel.

s qui feront conftituées ou feparées à pre-
ent à ladite fomme & au deffous, ne fe pour-
ont diuifer, N'entendons toutesfois empef-
her que plufieurs perfonnes participent en
articulier en vne partie de rente de cin-
uante liures, & au deffous, pourueu que
our receuoir les payemens des arrerages il
'y ait qu'vne feule perfonne qui en paffe la
uittance : & que foubs le nom d'icelle la
ente demeure couchée & employée dans
es Regiftres des Conftitutions, & dans les
Comptes, fauf aux particuliers à retirer par
deuers eux de leurs affociez leur feureté pour
la part qu'ils auront aufdites petites rentes, &
pour la iouyffance des arrerages. SI DON-
NONS EN MANDEMENT à nos amez
& feaux Confeillers, les Gens de nos Com
ptes à Paris, que ceftuy noftre prefent Edict
ils faffent lire, publier & enregiftrer, & du
contenu en iceluy iouyr & vfer les pourueus
defdits offices pleinement & paifiblement,
ceffans & faifans ceffer tous troubles & em-
pefchemens au contraire. Mandons en ou-
tre à nos chers & bien-amez les Preuoft des
Marchands & Efcheuins de noftre bonne
Ville de Paris, qu'ils faffent pareillement enregiftrer au Greffe de ladite Ville cefdites
prefentes, & le contenu en icelles garder &

obseruer de poinct en poinct, selon leur for-
me & teneur, contraignant à ce faire souffrir
& obeyr tous ceux qui pour ce seront à con-
traindre, nonobstant l'Arrest donné en nostre Conseil d'Estat le dernier iour de Decembre mil six cens vingt-quatre, nostredit
Edict du mois de Decembre mil six cens
vingt-cinq : & tous autres Edicts, Arrests &
Reglemens à ce contraires, ausquels nous
auons dérogé & dérogeons par cesdites presentes, & à la derogatoire des derogatoires y
contenuës, nonobstant aussi oppositions ou
appellations quelsconques, desquelles s'y aucunes interuiennent, Nous auons retenu &
reserué la cognoissance à Nous, & à nostredit Conseil, & icelle interdite & deffenduë à
toutes autres Cours & Iuges : Car tel est nostre plaisir. Et afin que ce soit chose ferme &
stable à tousiours, Nous auons fait mettre nostre scel à cesdites presentes. Dóné à Paris, au
mois de Decembre, l'an de grace mil six cens
vingt-six , Et de nostre regne le dix-se-
ptiesme. Signé, LOVIS. Et plus bas,
Par le Roy, DE LOMENIE, & à costé,
Visa. Et scellé soubs lacs de soye du grand
scel de cire verte, Plus en bas est escrit,

Leu, publié, & registré en la Chambre

les Comptes, Ouy le Procureur general du
Roy, par le commandement de sa Majesté,
porté par Monseigneur son Frere, venu
exprés en ladite Chambre, assisté des sieurs
Duc de Bellegarde Cheualier de ses Ordres,
de Champigny, & de Leon Conseillers du
Roy en ses Conseils d'Estat & Priué, le
vingt-huictiesme Iuin, mil six cens vingt-
sept.

Signé, BOVRLON.